Inhalt

Klimakonferenz in Kopenhagen - der Anfang vom Ende oder das Ende vom Anfang?

Kernthesen

Beitrag

Fallbeispiele

Weiterführende Literatur

Impressum

Klimakonferenz in Kopenhagen - der Anfang vom Ende oder das Ende vom Anfang?

I.Zeilhofer-Ficker

Kernthesen

- Der als Ergebnis der Klimakonferenz in Kopenhagen im Dezember 2009 zur Kenntnis genommene Copenhagen-Accord blieb hinter allen Erwartungen zurück.
- Da es ein fast unmögliches Unterfangen zu sein scheint, die Länderinteressen von 192 Mitgliedern der UN unter einen Hut zu bekommen, wird nun über alternative Gremien zum Vorantreiben des Klimaschutzes nachgedacht.

- Trotzdem plant man eine Vorbereitungskonferenz im Juni 2010 in Bonn und die nächste Vollversammlung zum Thema Klima im November oder Dezember 2010 in Mexiko.
- Da die Zeit drängt wollen Politiker, Wissenschaftler und Wirtschaft in Europa allerdings nicht bis dahin warten sondern mit einer klimafreundlichen Politik und entsprechenden Fördermaßnahmen vorangehen.

Beitrag

Minimalkonsens Copenhagen-Accord wird zur Kenntnis genommen

Mittlerweile gibt es kaum noch Zweifel daran, dass die industrielle, extensive Nutzung von Kohle, Erdöl und Erdgas die Weltklimaerwärmung vorantreibt. Die Zukunftsprognosen sind schlecht. Denn Schwellenländern wie China, Indien und Osteuropa geht es wirtschaftlich immer besser mit dem Resultat, dass deren CO_2-Emissionen Größenordnungen erreicht haben, die nicht mehr zu vernachlässigen sind. Macht die Welt so weiter wie bisher, wird ein Großteil des Planeten schon bald nicht mehr bewohnbar sein, mit allen denkbaren negativen Konsequenzen auf soziale und politische Systeme, für Mensch und Natur.

Seit 14 Jahren versuchen die Vereinten Nationen deshalb einen Weg zu finden, den Klimawandel in erträglicher Größenordnung zu halten. Mit dem Kyoto-Protokoll, das allerdings 2012 ausläuft, wurden erste Vereinbarungen für Industrieländer getroffen. Für die Zeit nach 2012 wollte die Weltgemeinschaft in Kopenhagen eine für alle akzeptable Lösung finden. Die Vertreter von 192 Staaten kamen zur Mammut-Konferenz nach Dänemark, dazu Tausende von Experten, Beobachtern und Wissenschaftlern von Nicht-Regierungs-Organisationen. All die unterschiedlichen nationalen und organisatorischen Interessen unter einen Hut zu bringen erwies sich als unmögliches Unterfangen. Der schwelende Konflikt Arm gegen Reich eskalierte am frühen Morgen des letzten Verhandlungstages. (1), (3)

Vor allem die Europäer waren zu Beginn der Versammlung davon ausgegangen, dass man sich nach zähen Verhandlungen auf Emissions-Obergrenzen würde einigen können. Europa wollte mit gutem Beispiel vorangehen und schlug die Begrenzung der europäischen Emissionen auf minus 30 Prozent zum Referenzjahr 1990 vor, sofern andere

Länder mitziehen würden. Doch die Hauptverursacher von CO2 - die USA und China - dachten nicht im Traum daran, sich in irgendwelche bindende Verpflichtungen drängen zu lassen. Den Entwicklungsländern dagegen gingen die Vorschläge der Industrieländer einfach nicht weit genug - schließlich steht die Existenz ganzer Völker auf dem Spiel. Der dänischen Verhandlungsführung mangelte es zudem an der notwendigen Diplomatie, was bald zum regelrechten Stillstand der Verhandlungen führte. (1), (2)

Den machtgewohnten Regierungschefs der Großmächte ging das diplomatische UN-Geplänkel nicht schnell genug und so setzten sich 25 Staaten rund um die Vereinigten Staaten und China am letzten Verhandlungstag zusammen und formulierten ein Minimalkonsenspapier. Da diese 25 Staaten immerhin für 90 Prozent der Treibhausgasemissionen verantwortlich zeichnen, ging man davon aus, dass die anderen Staaten schon unterschreiben würden. Doch weit gefehlt - einige Zwergstaaten wie Tuvalu, Venezuela und der Sudan kritisieren das Papier als diktatorisch, als Ablasshandel und schlicht unakzeptabel. Da die UN-Statuten Einstimmigkeit vorschreiben, war das Konsenspapier gescheitert. Um nicht ganz mit leeren Händen dazustehen, einigte man sich darauf, die Vereinbarung wenigstens zur Kenntnis zu nehmen, wodurch es aber keine rechtlich bindende Wirkung erhielt. (1), (2)

Was steht drin im Copenhagen-Accord?

Einig war man sich wenigstens über das Ziel, die Erderwärmung auf höchstens zwei Grad Celsius zu begrenzen. Darüber hinaus sollen die Industrieländer bis Ende Januar 2010 ihre Emissionsminderungsziele bis zum Jahr 2020 quantifizieren und auch die Entwicklungs- und Schwellenländer werden ihre Aktionen zur Begrenzung des CO_2-Ausstoßes inklusive ihrer Waldschutzmaßnahmen alle zwei Jahre an die UN melden. (4)

Die Industrieländer wollen außerdem einen Klimafond einrichten, über den die Anstrengungen der Entwicklungsländer unterstützt werden sollen. 30 Milliarden US-Dollar will man dafür in den nächsten drei Jahren bereitstellen (der größte Teil davon kommt aus Europa und Japan), ab 2020 sollen jährlich einhundert Milliarden Dollar bereit stehen. Die Gelder sollen auch für Anpassungsmaßnahmen der am meisten vom Klimawandel betroffenen Länder verwendet werden. Zudem ist es geplant, einen Mechanismus zu entwickeln, umweltfreundliche Technologien in Entwicklungsländer zu transferieren. (4)

Wie gesagt wurde diese Erklärung von der Staatengemeinschaft zur Kenntnis genommen, Befürworter können die Vereinbarung aber unterzeichnen und sie damit für sich verbindlich machen. Weitergehende Reduktionsverpflichtungen, Kontrollmechanismen und ähnliches fehlen aber zur Gänze.

Und wie sieht nun der Plan B aus?

Im Kyoto-Protokoll hatte sich die BRD zu einer Reduktion der CO_2-Emissionen um 21 Prozent zum Referenzjahr 1990 verpflichtet. Dieses Ziel konnte bereits 2007 überschritten werden, 2009 wurde bedingt durch die Wirtschaftskrise ein Minus von 27 Prozent erreicht. Wenn Deutschland mit der bisher vorbildlichen Förderung erneuerbarer Energien, von Energiesparmaßnahmen und klimafreundlichen Innovationen weiter vorangeht, sollte das angestrebte Ziel einer 40prozentigen Reduktion bis zum Jahr 2020 leicht zu erreichen sein. (5)

Dazu darf die Politik den Rufen aus der Industrie nach einer Lockerung der strengen Klimaauflagen aber nicht nachgeben. Wie sich schon oft erwiesen hat, braucht es ambitionierte Ziele, um neue, innovative, effiziente Technologien zu entwickeln, die sich dann mit wirtschaftlichem Gewinn an die restliche Welt exportieren lassen. Weitere

Genehmigungen von Kohlekraftwerken, die Verlängerung der Laufzeiten von Atomkraftwerken und ähnliches laufen dieser Entwicklung entgegen. Anspruchsvolle Ziele dagegen werden häufig sogar übertroffen und sichern den wirtschaftlichen Erfolg deutscher Unternehmen auf dem Weltmarkt. (5), (6)

Doch noch nicht einmal in Europa hat sich diese Erkenntnis durchgesetzt. So konnten sich die EU-Umweltminister bei ihrem Treffen im Januar 2010 nicht darauf einigen, das Reduktionsziel für Europa für 2020 auf 30 Prozent festzuschreiben. So wird man wohl das alte 20prozentige Minderungsziel an die UN melden, das nun ja wirklich nicht mehr ambitioniert genannt werden kann. (7)

Darüber hinaus gibt es eine ganze Reihe von interessanten, intelligenten Ideen und Vorschlägen, wie dem Klimawandel beizukommen sein könnte. Damit die Bremswirkung einzelner Staaten aufgelöst wird, könnte eine bindende Verpflichtung der 25 bis 30 wichtigsten Industrie- und Schwellenländer getroffen werden. Da diese Länder für mehr als 90 Prozent der Emissionen verantwortlich zeichnen, wäre das Resultat wahrscheinlich ebenso wirksam wie ein UN-Abkommen. Zumindest eine Allianz der Vernünftigen könnte als gutes Vorbild voran gehen. (8)

Weitere Vorschläge sehen vor, die Wettbewerbsnachteile gegenüber Staaten mit geringen Umweltauflagen durch so genannte Klimazölle zu begrenzen. Sogar die WTO könnte sich vorstellen, dieses Vorgehen zu unterstützen. Ein weltweiter Emissionshandel könnte mehr Gerechtigkeit zwischen armen und reichen Ländern herstellen, wäre aber mit hohen Transferzahlungen verbunden, die von den Industrieländern schwerlich zu akzeptieren sind. (9)

Langfristig wird man sich aber wahrscheinlich von dem Gedanken verabschieden müssen, dass die Politik das Problem lösen kann. Jeder Einzelne ist aufgefordert. Die gesamte Zivilgesellschaft muss die Verantwortung für den Klimaschutz übernehmen. Möglicherweise muss sich die Erkenntnis durchsetzen, dass stetiges Wirtschaftswachstum langfristig schädlich ist und Stagnation die bessere Lösung darstellt. Weniger Druck, ein sorgfältiger Umgang mit den Ressourcen unseres Planeten, langlebigere Produkte und eine gerechtere Verteilung der Finanzmittel zwischen Arm und Reich könnten auch die Rettung für das Weltklima bedeuten. (10)

Trends

Wie es nun im Detail mit der Welt-Klimapolitik weitergeht, ist offen. Es soll weiter verhandelt werden, wieder unter dem Dach der UN. Im Juni 2010 werden die Umweltminister der Welt in Bonn zusammen kommen, um über das weitere Vorgehen zu verhandeln. Im November oder Dezember 2010 soll die nächste UN-Klimakonferenz in Cancun/Mexiko stattfinden. Optimisten hoffen dann auf das bereits für Kopenhagen erwartete bindende Abkommen. Skeptiker glauben aber nicht daran. Denn an den nationalen Interessen der Blockadestaaten in Südamerika, Afrika und China dürfte sich bis dahin kaum etwas geändert haben. (11)

Größere Hoffnungen setzt man deshalb auf die G20-Runde, die ihre Schlagkraft bereits bei der koordinierten Bekämpfung der Wirtschaftskrise unter Beweis gestellt hat. Dazu müsste allerdings die USA davon überzeugt werden, dass sich Klimaschutz und wirtschaftlicher Erfolg nicht ausschließen. Ob der Blockadehaltung Chinas mit politischem Druck beizukommen ist, ist fraglich. Hier dürfte wahrscheinlich nur die wirtschaftliche Benachteiligung chinesischer Produkte über Klimazölle in allen westlichen Ländern Erfolg zeigen. (3), (9), (12)

Fallbeispiele

Zwei Milliarden Euro hat die Bundesregierung für die nächsten sechs Jahre zur Verfügung gestellt, um eine Forschungsoffensive zum Schutz des Weltklimas zu initiieren. Damit soll sichergestellt werden, dass das

40-Prozent-Minderungsziel des CO2-Ausstoßes bis 2020 erreicht werden kann. (13)

Ambitionierte Ziele fördern Innovationen. Dies wurde in der Vergangenheit immer wieder bewiesen. Die deutsche Energieversorgung sollte bis 2020 zu 20 Prozent aus regenerativen Quellen erzeugt werden. Da bereits im Jahr 2008 mehr als 15 Prozent erreicht wurden, konnte das Ziel auf 30 Prozent erhöht werden. Durch das japanische Top-Runner-Projekt wird immer das energieeffizienteste Produkt Standard. Für Computer wollte man dadurch Stromeinsparungen von 83 Prozent bis 2005 erreichen. Tatsächlich wurde eine Verringerung um 99 Prozent erzielt. (6)

München folgt dem Prinzip Global denken, lokal handeln. Bis zum Jahr 2011 will der Stadtrat eine Leitlinie Ökologie verabschieden. Darin sollen Ziele und Strategien aber auch wichtige Projekte zum Klimaschutz festgeschrieben werden. Unter anderem soll die Energieversorgung durch die Stadtwerke auf einhundert Prozent Ökostrom umgestellt werden, der Anteil des Fahrradverkehrs von 14 auf 17 Prozent hochgeschraubt werden. (14)

Weiterführende Literatur

(1) Ziemlich mieses Klima

aus Handelsblatt Nr. 246 vom 21.12.2009 Seite 6

(2) Und nun?
aus Die ZEIT Nr. 53 vom 22.12.2009 Seite 010

(3) Nun soll die G 20 das Klima retten
ERDERWÄRMUNG Nach dem mageren Ergebnis des Kopenhagener Gipfels fordern Experten neue Verhandlungsstrukturen. Die 20 wichtigsten Staaten als Teilnehmer reichten
aus taz, 22.12.2009, S. 08

(4) Kopenhagen endet im Fiasko
aus www.powernews.org Meldung vom 21.12.2009 - 09:15

(5) Deutschland übertrifft Klimaziele von Kyoto
aus Süddeutsche Zeitung, 23.12.2009, Ausgabe Deutschland, Bayern, München, S. 1

(6) Markt statt Kopenhagen
aus Süddeutsche Zeitung, 21.01.2010, Ausgabe Deutschland, Bayern, München, S. 2

(7) Fußnote zum Klimaschutz
aus Süddeutsche Zeitung, 18.01.2010, Ausgabe Deutschland, Bayern, München, S. 17

(8) Die Zeichen der Zeit erkennen // 4. Potsdamer Klimakonferenz: Nach Scheitern von Kopenhagen neue Bündnisse gegen Klimawandel nötig
aus Potsdamer Neuste Nachrichten Nr. 10 VOM 13.01.2010 SEITE 023

(9) Zeit für Experimente Mit dem Kioto-Ansatz kommt die Welt beim Klimaschutz nicht weiter. Statt um Emissionsrechte zu streiten, sollten sich alle Staaten verpflichten, den Preis für CO2 auf ein vereinbartes Niveau zu hebenVon Joseph Stiglitz
aus Financial Times Deutschland vom 12.01.2010, Seite 24

(10) Denkanstoß: Der Klimakollaps kann verhindert und die Hungersnot beendet werden "Schluss mit dem rücksichtslosen Egoismus"
aus Hamburger Abendblatt, 31.12.2009, Nr. 304, S. 23

(11) Klimaforscher setzen nun auf die Wirtschaft
aus Stuttgarter Zeitung, 13.01.2010, S. 18

(12) Pekings Pflichten
aus Süddeutsche Zeitung, 23.12.2009, Ausgabe Deutschland, Bayern, München, S. 4

(13) Erderwärmung: Bundesregierung kündigt Forschungsoffensive an Zwei Milliarden Euro für das Klima
aus Hamburger Abendblatt, 24.12.2009, Nr. 300, S. 1

(14) Besser als Kopenhagen
aus Süddeutsche Zeitung, 15.01.2010, Ausgabe Bayern, München, S. 56

Impressum

Klimakonferenz in Kopenhagen - der Anfang vom Ende oder das Ende vom Anfang?

Bibliografische Information der deutschen Nationalbibliothek

Die Deutsche Nationalbibliothek verzeichnet diese Publikation in der deutschen Nationalbibliografie; detaillierte bibliografische Daten sind im Internet über http://dnb.d-nb.de abrufbar.

ISBN: 978-3-7379-1508-3

© 2015 GBI-Genios Deutsche Wirtschaftsdatenbank GmbH, Freischützstraße 96, 81927 München, www.genios.de

Alle Rechte vorbehalten. Dieses Werk ist einschließlich aller seiner Teile – z.B. Texte, Tabellen und Grafiken - urheberrechtlich geschützt. Jede Verwertung außerhalb der Grenzen des Urheberrechtsgesetzes bedarf der vorherigen Zustimmung des Verlags. Dies gilt insbesondere auch für auszugsweise Nachdrucke, fotomechanische

Vervielfältigungen (Fotokopie/Mikroskopie), Übersetzungen, Auswertungen durch Datenbanken oder ähnliche Einrichtungen und die Einspeicherung und Verarbeitung in elektronischen Systemen.